Rédaction et dessin – Mat. à 2ᵉ année

Hélène Mayer

Un chien

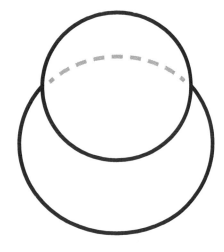

Un chat

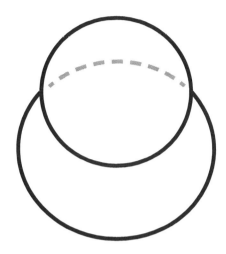

Une grenouille

1

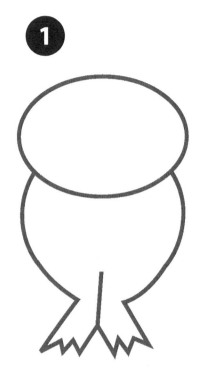

2

3

4

Une souris

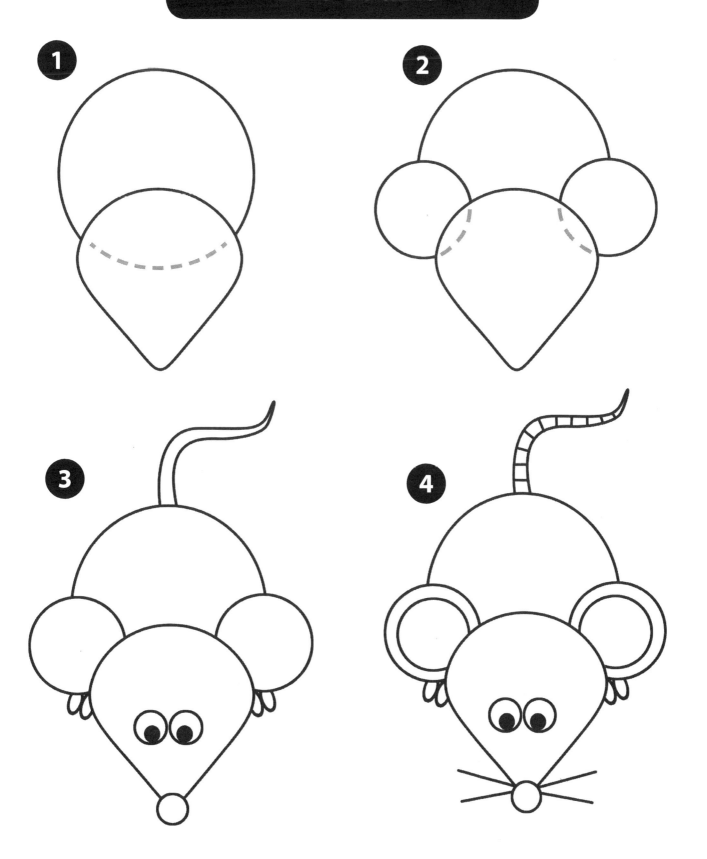

Une tortue

Amorces d'écriture – Animaux de compagnie

◆ Si mon animal de compagnie pouvait parler...

◆ Mon animal de compagnie, un(e) _____, est unique parce que...

◆ Je prends soin de mon animal de compagnie en...

◆ Où vit ton animal de compagnie? Que mange-t-il? Que fait-il?

◆ Décris une journée dans la vie de ton animal de compagnie.

◆ J'aimerais avoir un(e) énorme _____ comme animal de compagnie parce que...

◆ J'aime mon animal de compagnie parce que...

◆ Si j'avais une animalerie...

◆ Écris une lettre à tes parents pour les convaincre de t'acheter un animal de compagnie.

◆ Un jour, j'ai laissé ma souris sortir de sa cage.

◆ Chaque jour, ma souris devient de plus en plus grosse, et...

◆ Mon chat aime japper comme un chien.

◆ Mon chat a un talent particulier.

◆ Mon chat attire mon attention en...

◆ Mon chien est un héros parce que, un jour,...

◆ Les chiens sont comme les humains parce que...

◆ Comment une tortue se protège-t-elle?

◆ Ma tortue est une championne de...

Un poulet

Une vache

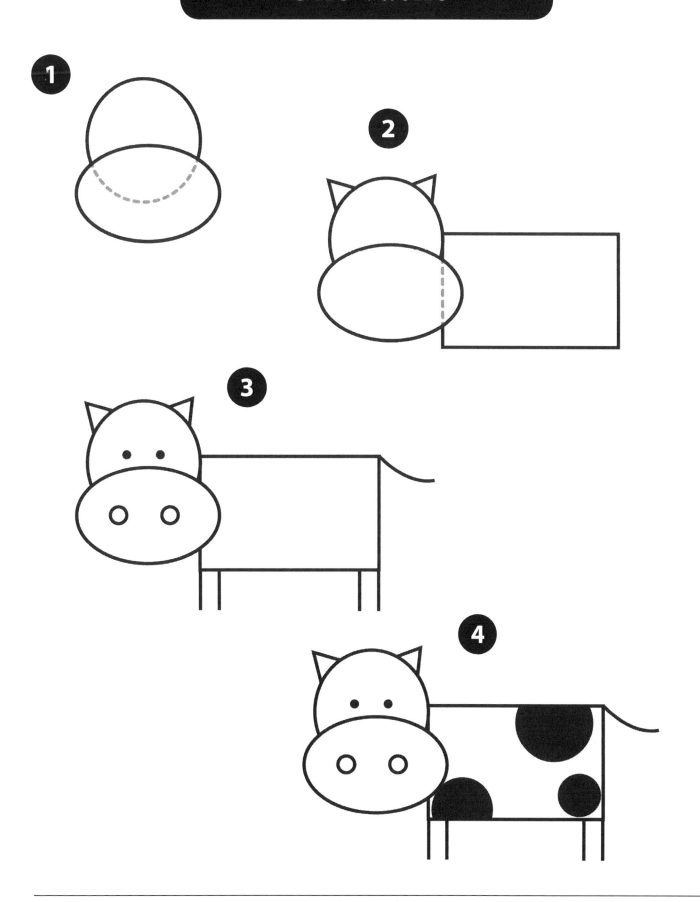

Une chèvre

1

2

3

4

Un cochon

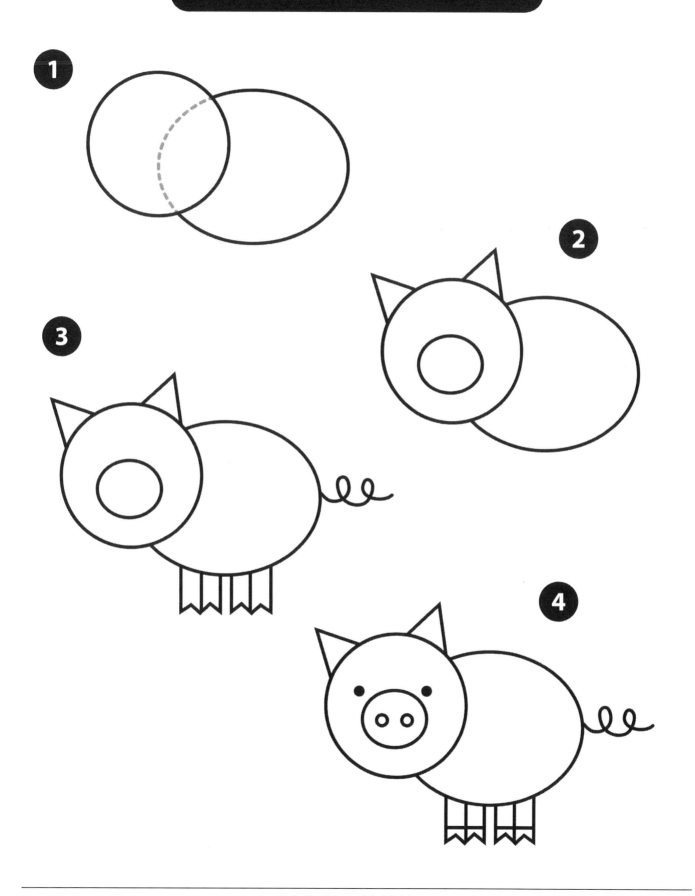

Un lapin

Un mouton

◆ C'est un beau matin de printemps à la ferme. Tout à coup...

◆ Tout le monde à la ferme a hâte de voir les nouveaux poussins...

◆ La poule protège ses poussins.

◆ Les poussins aiment se cacher.

◆ La vache mange de l'herbe dans le champ. Elle fait « meuh! » quand elle heurte un...

◆ Il était une fois une vache brune qui donnait du lait au chocolat.

◆ Il était une fois une chèvre qui vivait au sommet d'une grosse colline.

◆ Un jour, une chèvre grimpe une montagne. Quand elle arrive au sommet...

◆ Les petits cochons aiment beaucoup jouer dans la boue!

◆ Le cochon a très faim. Quand il entre dans la porcherie, il voit son repas préféré. C'est...

◆ La mère lapin entend un bruit dans les buissons. Tout à coup, un bébé lapin...

◆ Les lapins explorent le potager et découvrent...

◆ Les moutons aiment danser.

◆ Samuel le mouton aimerait que sa laine soit de toutes les couleurs.

◆ Dans la grosse grange rouge, il y a...

◆ Quelle journée étrange!
Le fermier vient de découvrir
que ses animaux peuvent
parler!

◆ Décris une journée à la ferme.

Une abeille

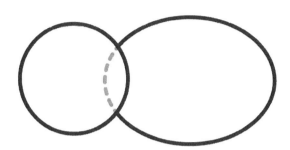

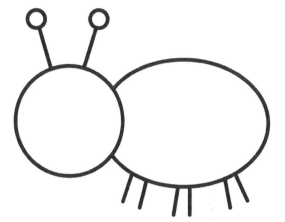

Une chenille

1

2

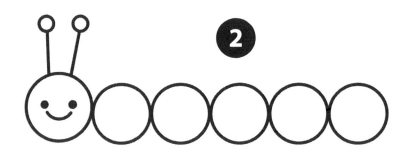

3

4

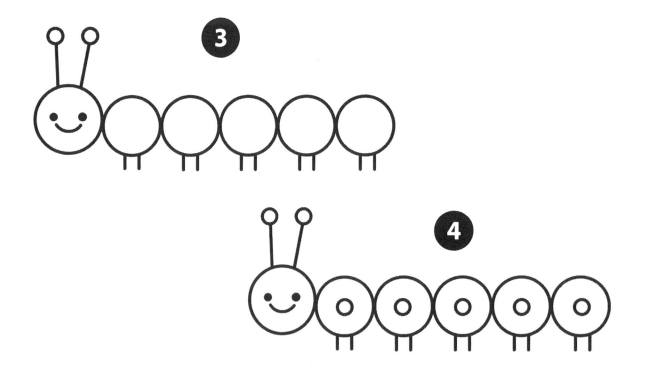

Un papillon

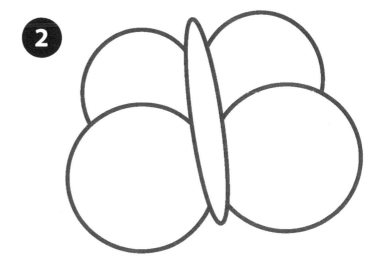

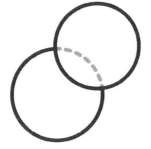

Une coccinelle

1

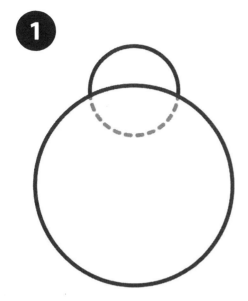

2

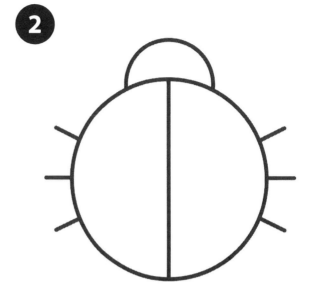

3

4

Un escargot

1

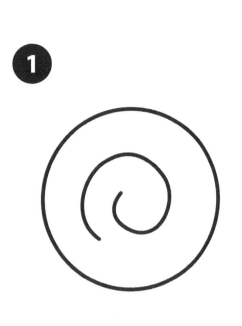

2

3

4

Une araignée

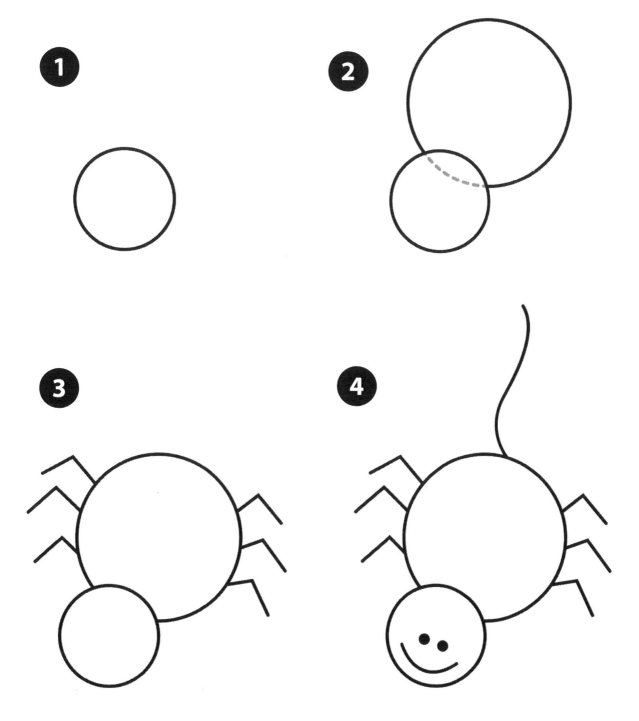

Amorces d'écriture – Insectes

- Une abeille bourdonne près de la ruche. C'est une bonne journée pour elle parce que...

- L'abeille voit une fleur. Elle se pose sur la fleur et découvre quelque chose d'étonnant. C'est...

- La chenille grimpe le long d'un arbre. Le soleil brille très fort, alors elle...

- La petite chenille cherche un endroit où faire son cocon. Enfin, elle trouve la branche idéale. Elle s'avance sur la branche, puis...

- Le joli papillon est très vaniteux.

- Explique le cycle de vie d'un papillon.

- Un jour, une luciole qui vole dans la forêt voit un petit garçon. Le petit garçon...

- Invente une histoire pour expliquer d'où vient la lumière des lucioles.

- Les deux coccinelles s'approchent du panier à pique-nique, puis...

- Comment les coccinelles ont-elles obtenu leurs taches?

- Cet escargot a quelque chose de particulier. Il...

- L'escargot se glisse dans l'herbe jusqu'à une feuille, puis...

- Un jour, une araignée voit une goutte de pluie sur sa toile. Elle s'approche, puis...

- La cour de l'école est pleine d'araignées.

- Décris une journée dans la vie de ton insecte préféré.

- Écris une lettre à ton ami insecte.

- Dresse une liste de cinq questions à poser à ton insecte préféré.

Un éléphant

Une girafe

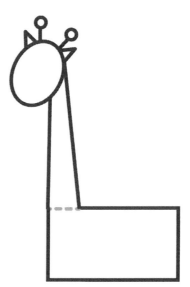

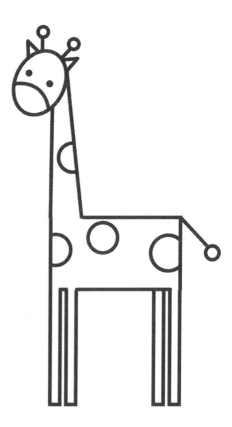

Un lion

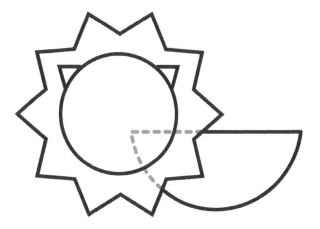

Un tigre

1

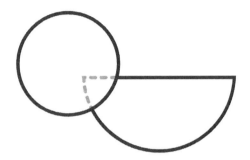

2

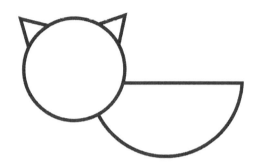

3

4

Un perroquet

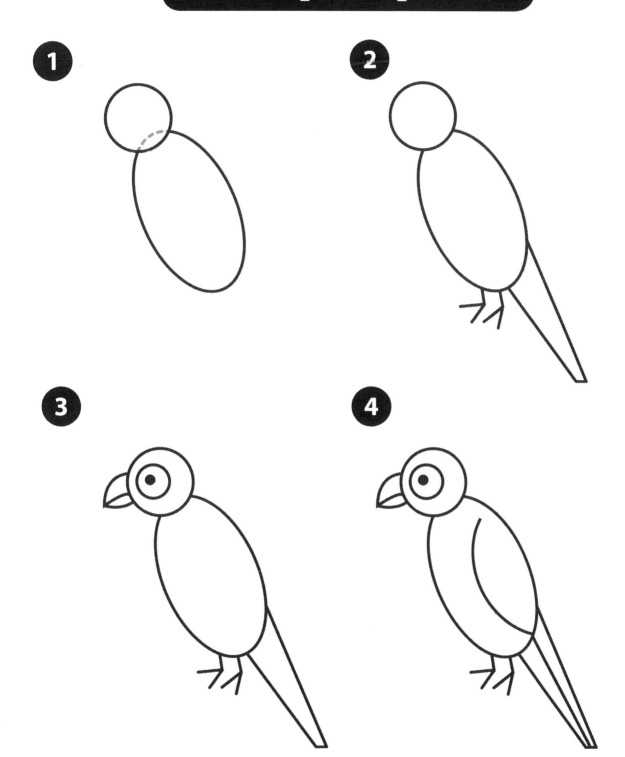

Un serpent

1

2

3

4

Amorces d'écriture – Animaux du zoo

- ◆ Les bébés éléphants s'amusent dans l'eau. Ils s'arrosent l'un et l'autre jusqu'à ce que...

- ◆ La famille éléphant se promène. Tout à coup...

- ◆ La girafe et son amie cherchent quelque chose à manger. Elles voient un grand arbre, alors elles...

- ◆ Pourquoi la girafe a-t-elle un cou aussi long?

- ◆ Lionel le lion a un problème : il ne peut plus rugir!

- ◆ Les petits lions explorent leur cage dans le zoo. Tout à coup, ils voient une porte ouverte...

- ◆ Le perroquet vole d'un arbre à un autre dans la forêt. Le soleil se couche. Le perroquet se pose sur une branche, mais...

- ◆ J'ai amené mon perroquet à l'école...

- ◆ Simon le serpent aime ramper doucement dans l'herbe et surprendre ses amis.

- ◆ Un serpent est-il intéressant ou effrayant? Explique ta réponse.

- ◆ Le tigre a hâte de partir à l'aventure.

- ◆ Le petit tigre sait qu'il doit être gentil, mais...

- ◆ Un soir, les animaux du zoo décident de s'échapper.

- ◆ Un animal du zoo a disparu. Crée un avis de recherche pour le retrouver.

Une étoile de mer

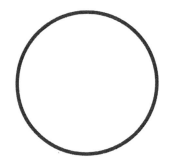

Un crabe

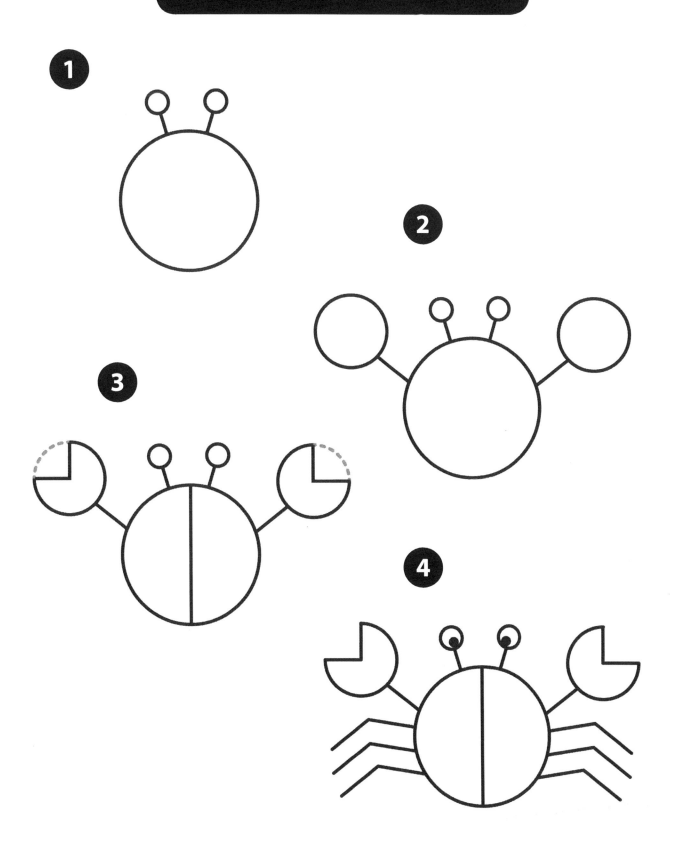

Une méduse

Une pieuvre

Un dauphin

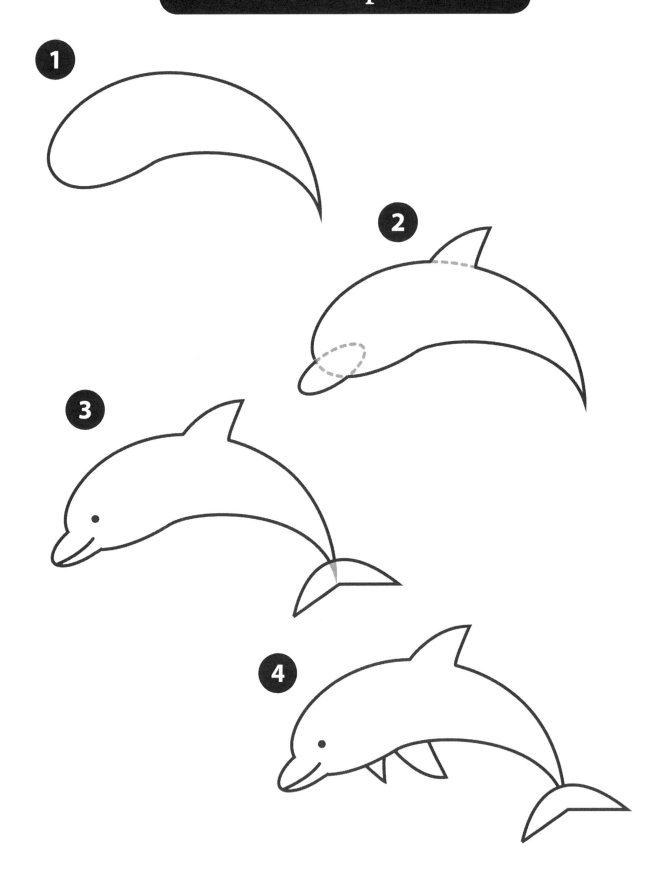

Un poisson

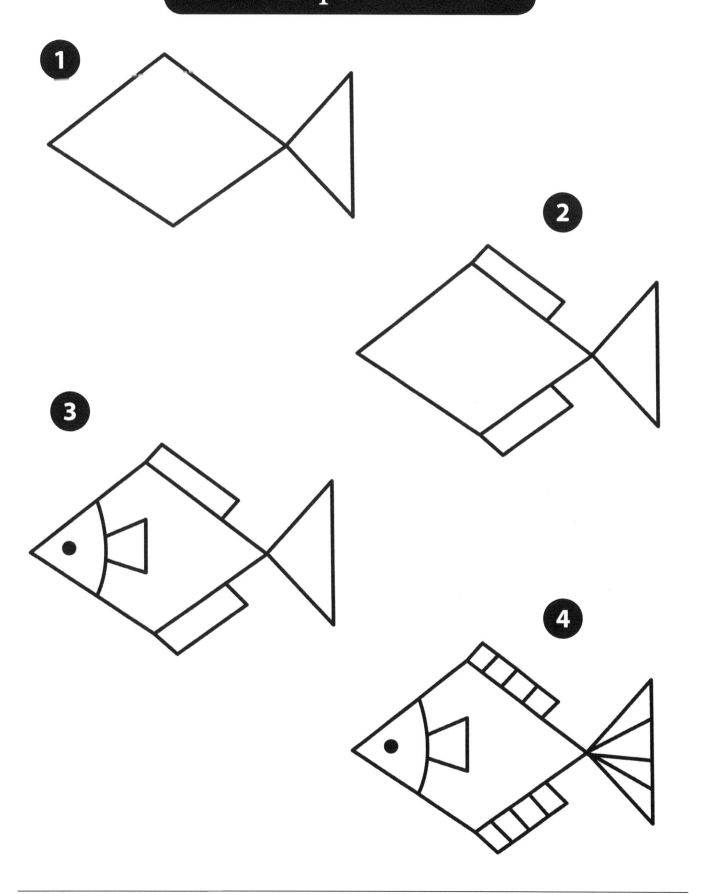

Un requin

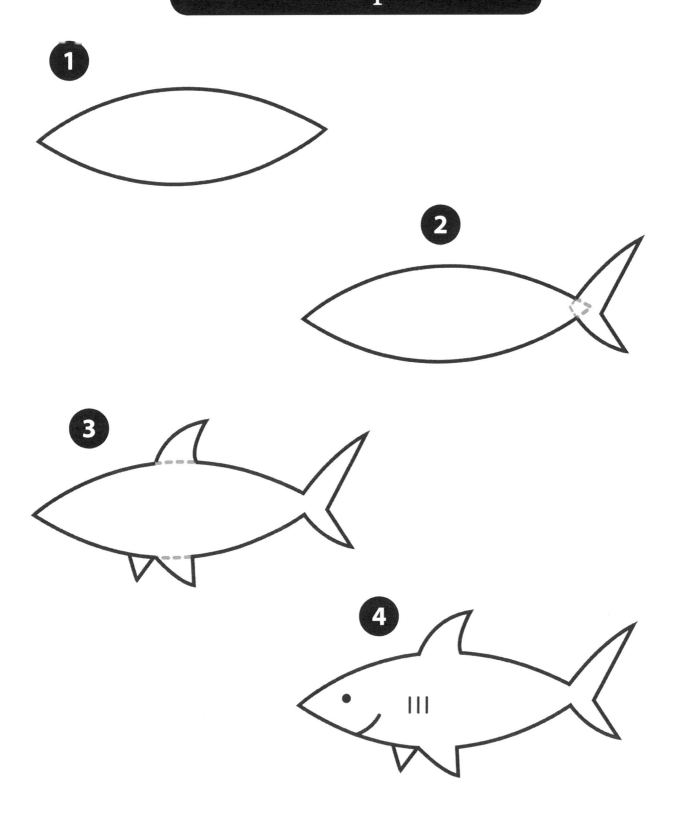

Un espadon

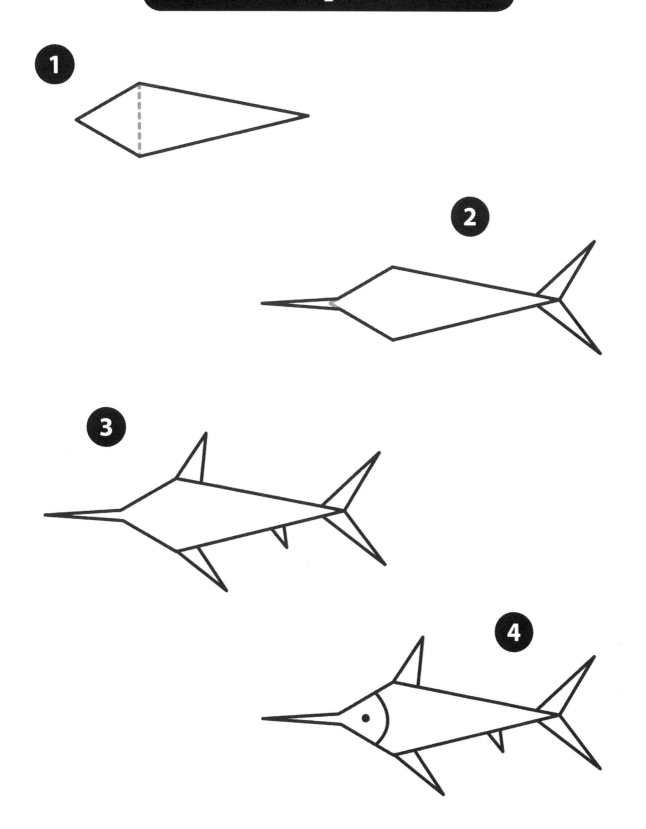

Une baleine

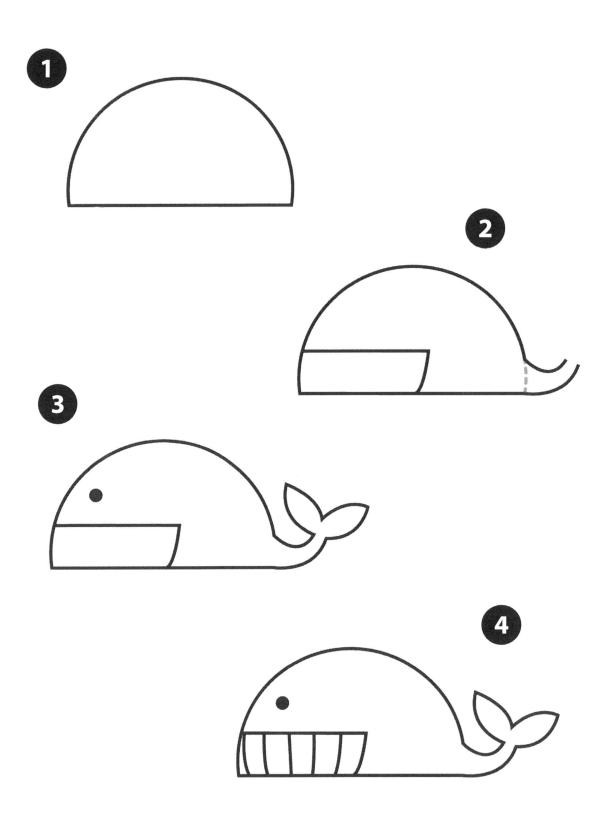

Amorces d'écriture – Animaux marins

◆ Un jour, un petit crabe décide de se baigner. Après sa baignade, il sort de l'eau, monte sur la plage, puis...

◆ Le crabe fait claquer ses pinces en avançant sur la plage.

◆ Les dauphins nagent ensemble dans l'océan. Tout à coup, ils voient un bateau au loin.

◆ Le gentil dauphin voit des humains dans l'eau. Il s'approche d'eux, puis...

◆ Un matin, Pierrot le poisson se réveille dans son aquarium. D'habitude, ses amis poissons sont là aussi, mais aujourd'hui, il voit...

◆ Les poissons nagent vers la surface de l'eau. Ils voient quelque chose de gros et de brillant au loin. C'est...

◆ Les poissons font une course pour arriver jusqu'à...

◆ La pieuvre nage près du récif de corail. Elle étend un de ses tentacules, puis...

◆ La petite méduse est en train de jouer dans l'océan quand sa maman lui dit de rentrer à la maison. Quand la petite méduse arrive chez elle...

◆ Les enfants sont tout étonnés quand la méduse de l'aquarium change de couleur. La méduse est...

◆ Le requin poursuit un poisson qu'il veut manger pour son dîner, mais soudain...

◆ Trois étoiles de mer mangent de petits morceaux de corail. Soudain, elles entendent un bruit de l'autre côté du récif. Et alors, elles voient...

◆ L'étoile de mer et sa sœur jumelle flottent doucement dans l'eau. Soudain, elles aperçoivent...

◆ L'espadon nage à toute vitesse pour aller rejoindre ses amis. Quand il les rejoint, tous les espadons décident d'aller...

◆ Les gens regardent la baleine qui souffle de l'eau en l'air. La baleine est si près d'eux que...

◆ Mon aventure sous-marine a commencé quand...

Un cactus

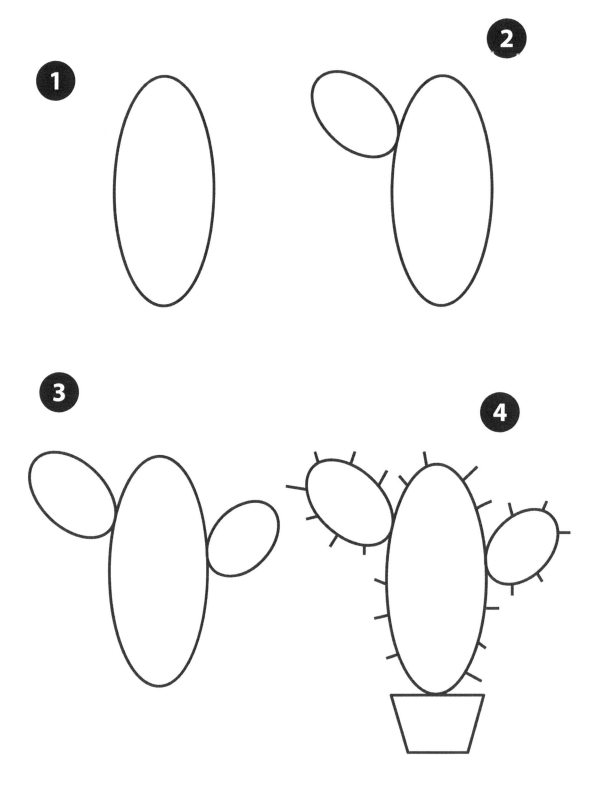

Un saule pleureur

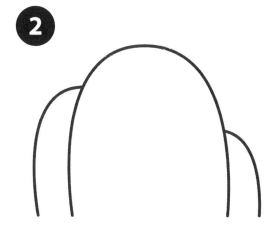

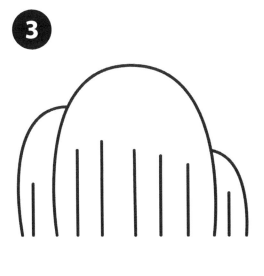

Un palmier

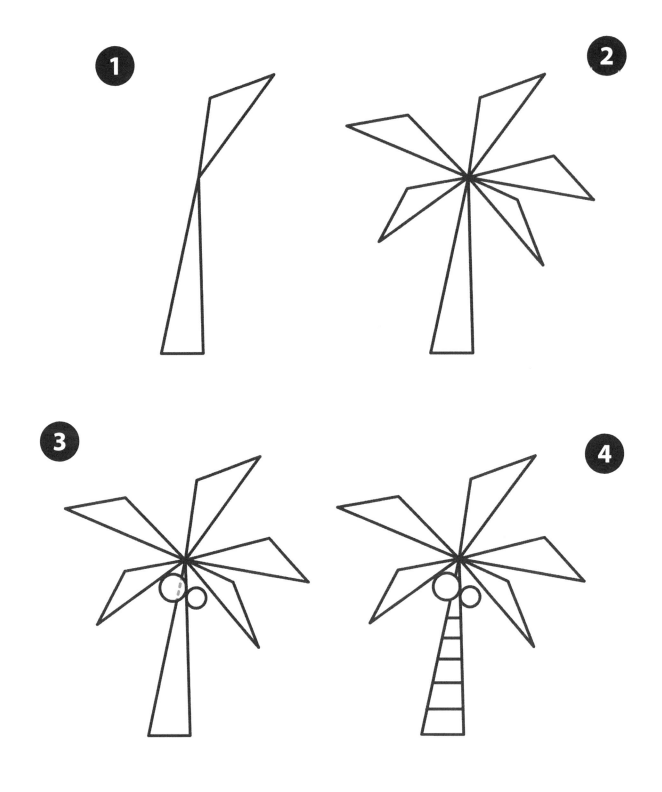

Un sapin

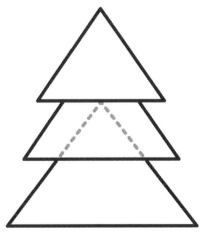

Un arbre

1

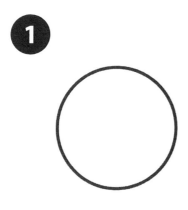

2

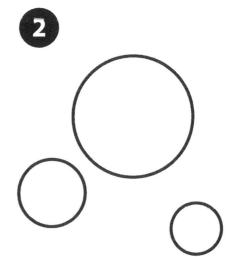

3

4

Un rosier

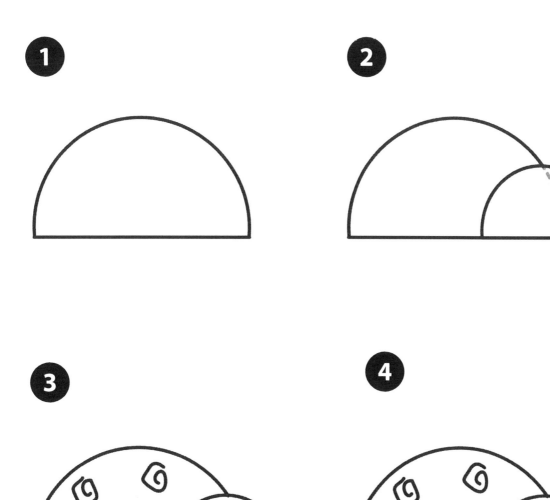

1 **2** **3** **4**

Une rose

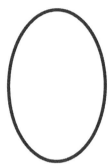

Un champignon

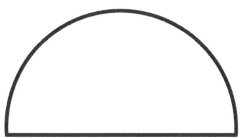

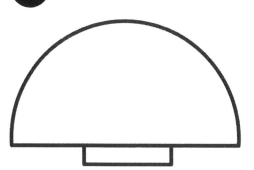

Un œillet

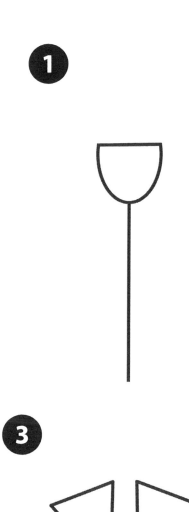

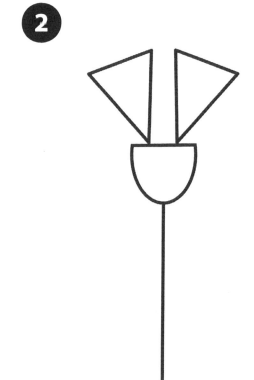

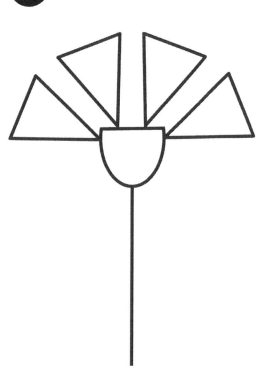

Une fleur

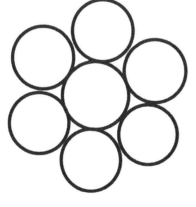

Une tulipe

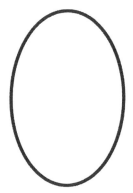

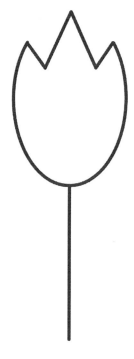

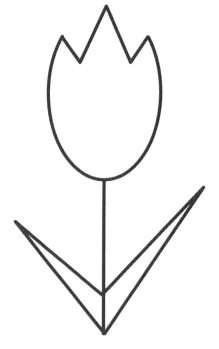

Amorces d'écriture – Arbres et plantes

- ◆ Cette fleur est très belle, même en hiver!

- ◆ Une petite fille est assise sur la colline et tient un joli bouquet de fleurs. Les fleurs sentent très bon. Ce sont des...

- ◆ Le rosier porte de magnifiques roses. Ce sont des roses magiques!

- ◆ Les tulipes du jardin sont toutes épanouies. Le vent fait danser leurs pétales. Soudain...

- ◆ Tout au fond d'une forêt enchantée, il y a un énorme champignon et...

- ◆ Je n'ai jamais vu de palmier aussi...

- ◆ Au sommet du palmier, on peut voir...

- ◆ Le sapin sert de cachette à des...

- ◆ C'est l'arbre idéal pour...

- ◆ Cet arbre est un arbre magique qui a poussé...

- ◆ Les enfants plantent des bulbes de tulipes dans le jardin. Au printemps...

- ◆ Le saule pleureur géant fournit de l'ombre et un abri pour les animaux de la forêt. Un jour...

- ◆ Comment les plantes nous aident-elles?

- ◆ Grimper un arbre est amusant parce que...

- ◆ Si j'avais un jardin...

- ◆ J'ai trouvé un animal très étrange dans l'arbre qui...

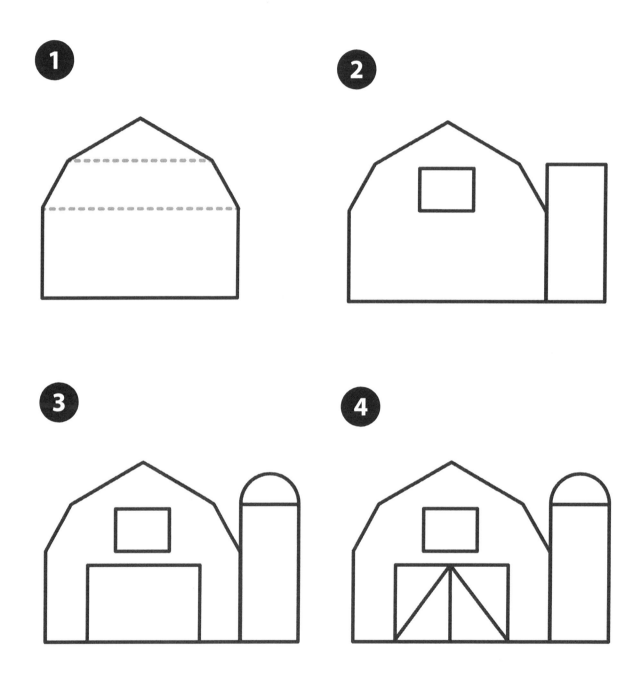

Un chalet

1

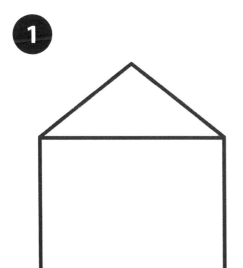

2

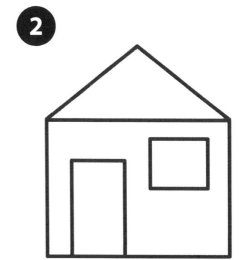

3

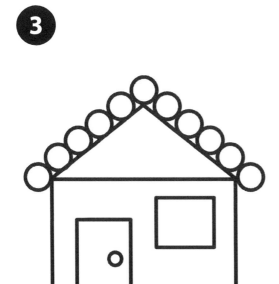

4

Un château

1

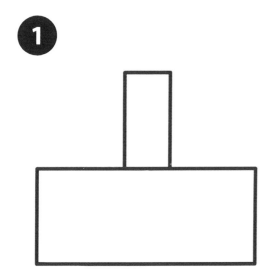

2

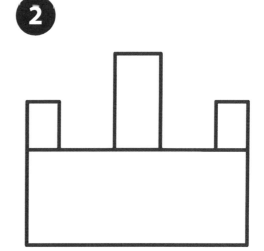

3

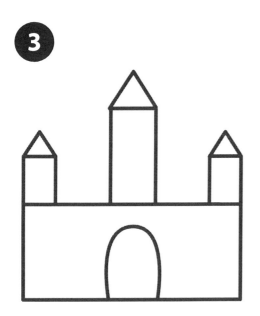

4

Une maison

1

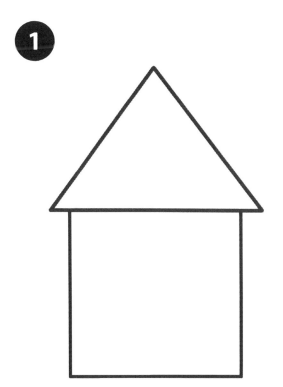

2

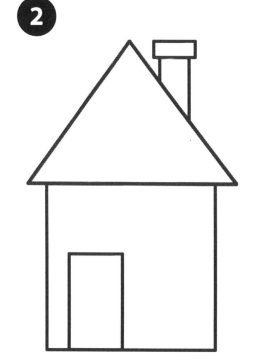

3

4

Un phare

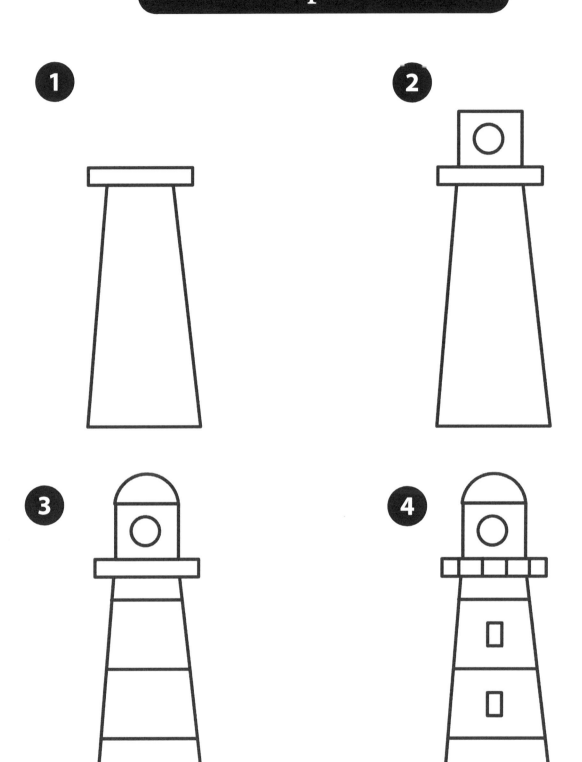

Un immeuble

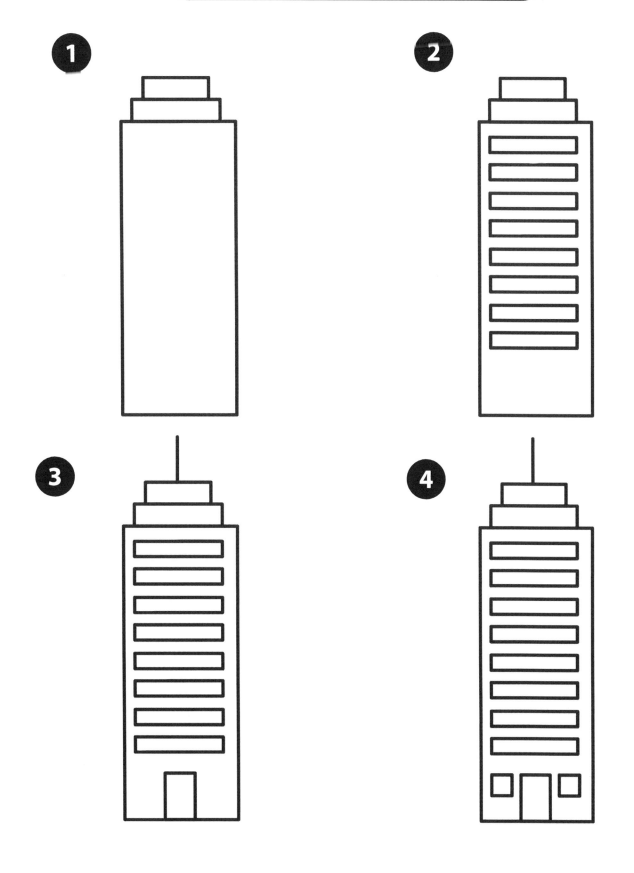

Un magasin

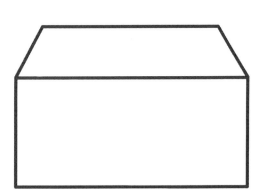

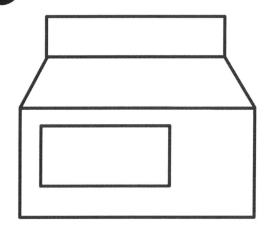

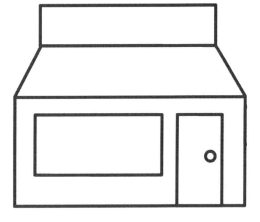

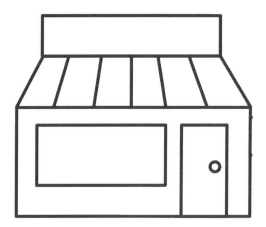

Amorces d'écriture – Structures

- ◆ Au lever du soleil, les portes de la grange s'ouvrent. Tous les animaux de la ferme ont hâte de sortir parce que...

- ◆ La vieille grange a besoin d'une bonne couche de peinture. Le fermier demande à ses animaux de l'aider.

- ◆ J'aime bien aller à notre chalet près du lac parce que...

- ◆ C'est une froide journée d'hiver. À l'intérieur du chalet, le feu flambe dans la cheminée. Papa prépare un bon souper.

- ◆ Si je vivais dans un château...

- ◆ Cet énorme château a quelque chose de magique. À l'intérieur...

- ◆ La maison a trois fenêtres et une grande porte bleue. Quand je tourne la poignée de la porte...

- ◆ C'est la maison la plus sinistre du quartier.

- ◆ Cette maison étrange est faite de...

- ◆ Le phare se dresse sur le bord de la mer. Sa lumière clignote et...

- ◆ Quand je vois cet immeuble, je me demande...

- ◆ Vivre dans un immeuble est...

- ◆ C'est mon magasin préféré parce que...

- ◆ Ce magasin n'est pas un magasin ordinaire. On y trouve...

- ◆ En marchant près de...

- ◆ On n'est jamais aussi bien que chez soi parce que...

- ◆ Cette maison me rappelle...

Une montgolfière

1

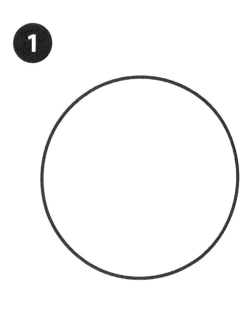

2

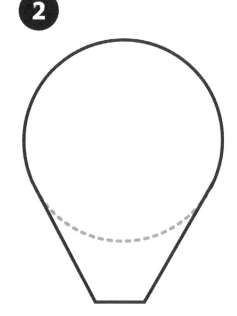

3

4

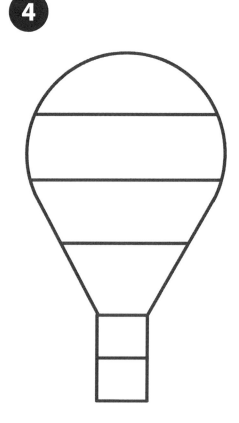

Un avion

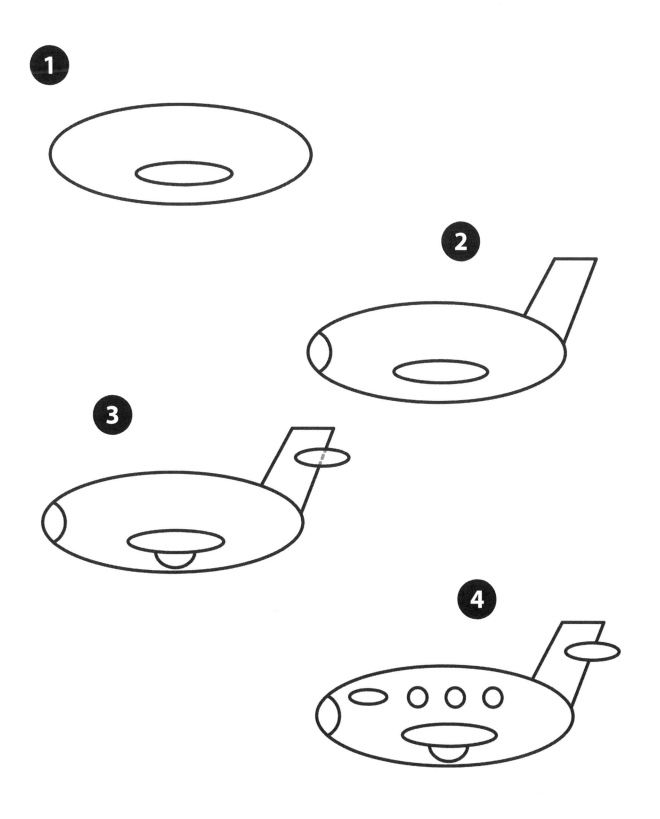

Une fusée

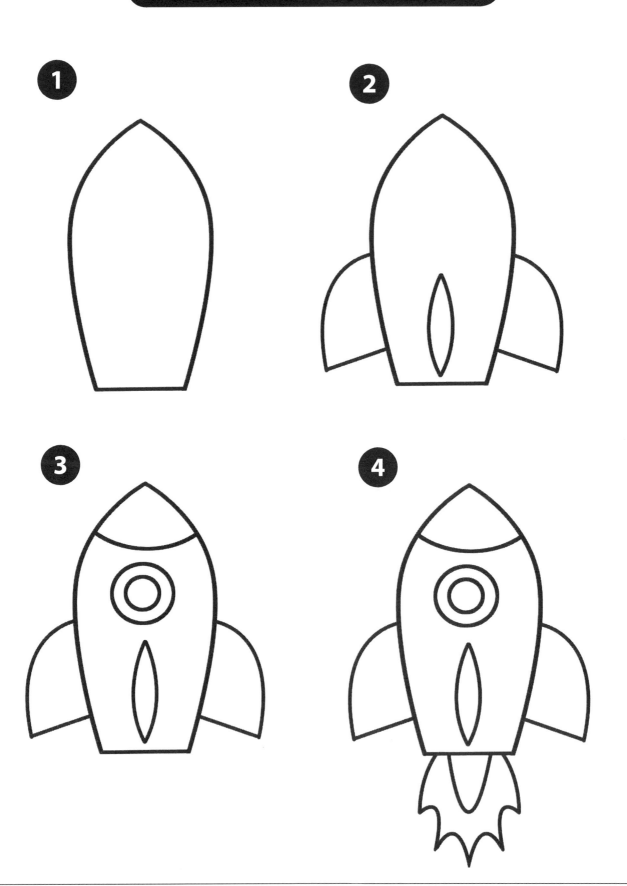

Un voilier

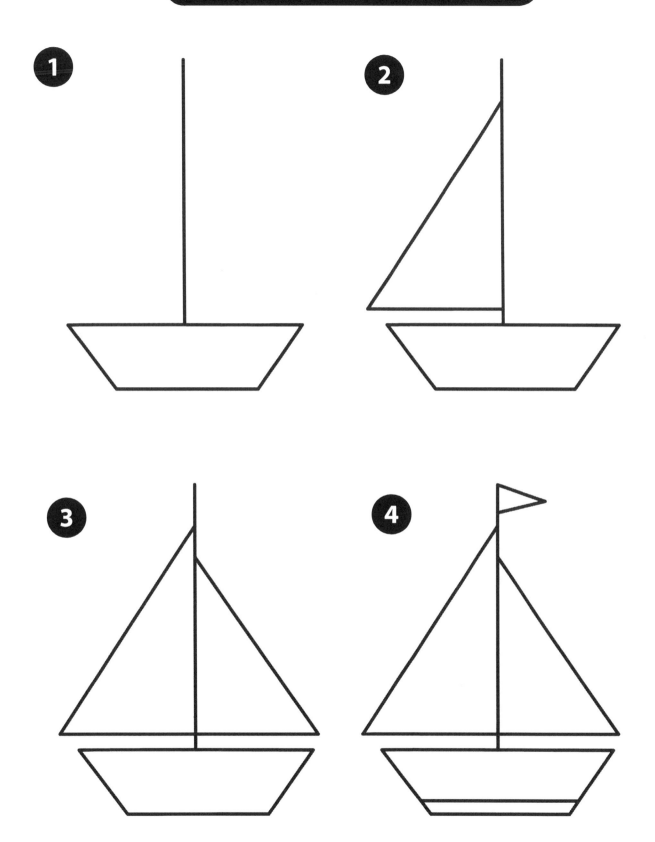

Un navire de croisière

1

2

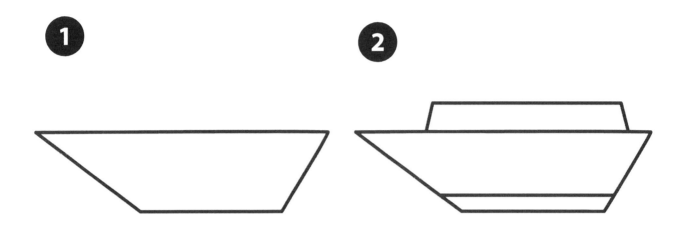

3

4

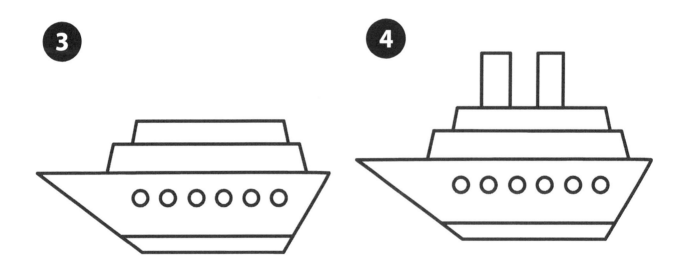

Une voiture

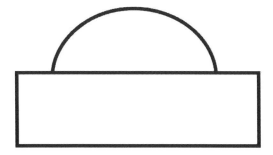

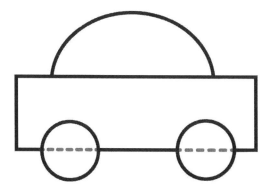

Un train moderne

1

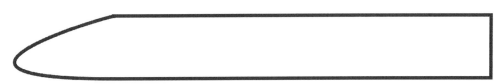

2

3

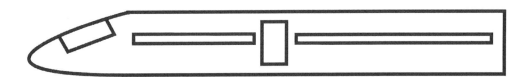

4

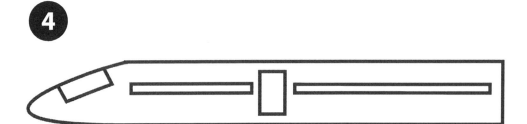

Un train à vapeur

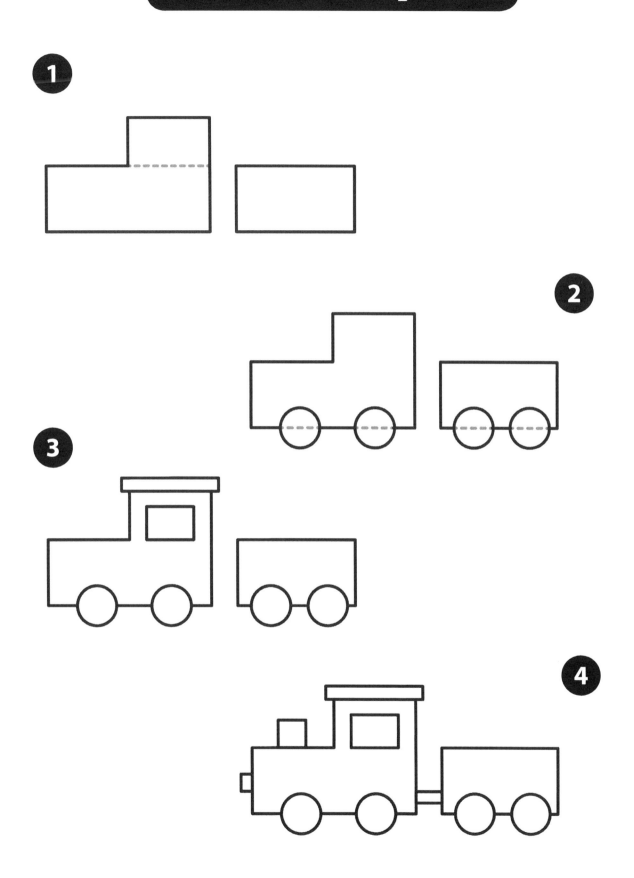

Une planche à roulettes

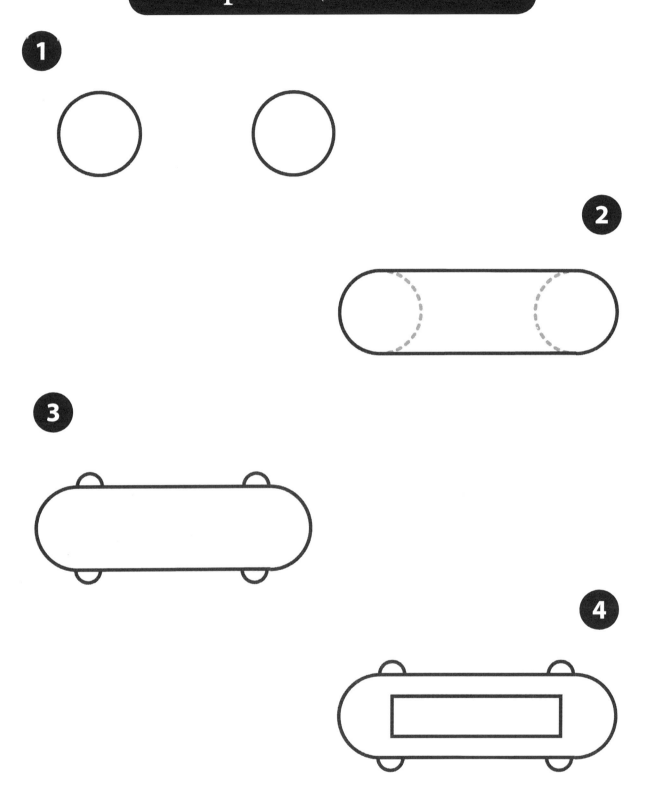

◆ L'avion survole la montagne quand soudain...

◆ C'est la première fois que je voyage en...

◆ Une voiture mystérieuse est stationnée dans la rue.

◆ Ce serait amusant de faire un voyage en...

◆ Un soir, pendant que le bateau vogue sur l'océan...

◆ La montgolfière monte de plus en plus haut, puis...

◆ Dans la montgolfière, les enfants se sentent...

◆ Le train traverse le tunnel à toute vitesse. À la sortie du tunnel...

◆ Les trains modernes roulent très vite.

◆ Lorsque le train à vapeur arrive à la gare, il ralentit. Soudain...

◆ En réalité, ce train à vapeur est une machine à voyager dans le temps.

◆ Les astronautes sont à bord de la fusée. Et maintenant, ils vont...

◆ La fusée décolle. Elle se dirige vers la planète...

◆ C'est une journée idéale pour faire une promenade en mer.

◆ Les quatre jeunes partent à l'aventure sur leurs planches à roulettes.

◆ Invente une super voiture. Explique pourquoi elle est super.

◆ Un matin, à mon réveil, je vois une fusée dans ma cour.

◆ J'ai décidé de construire une fusée.

◆ Ma promenade en _____ a été longue et bruyante.

◆ Je vais vous parler de mon voyage à bord d'un...

Autres suggestions d'écriture

Atelier d'écriture d'histoire

Les élèves peuvent composer une histoire en se servant du modèle fourni dans ce cahier. Une fois leur histoire finie, vous pourriez leur proposer d'utiliser l'ordinateur pour la mettre en page et y ajouter des illustrations.

Un acrostiche

Expliquez aux élèves ce qu'est un acrostiche. Un nom propre ou un mot est d'abord écrit verticalement, une lettre par ligne. Chaque lettre est utilisée comme début d'une phrase ou d'un mot qui décrit le nom ou le mot original, ou y est relié. Exemple :

Emma est ma sœur

Ma meilleure amie aussi

Mais parfois, elle est de mauvaise humeur

Alors, j'essaie de la faire rire

Un quintil

Un quintil compte cinq vers, et décrit une personne, un endroit ou une chose. Sa disposition est précise, mais ses vers ne riment pas. Montrez aux élèves des exemples de quintils, afin qu'ils se familiarisent avec ce type de poème.

Chien	titre composé d'un mot
brun, petit	deux adjectifs décrivant le mot
jappe, court, saute	trois actions reliées au mot
aime jouer	courte phrase au sujet du mot
animal	synonyme du titre

page suivante ☞

Une carte de souhaits

Dressez avec les élèves une liste des raisons pour lesquelles on envoie des cartes de souhaits. Invitez-les ensuite à composer un message pour leur carte. Ils peuvent s'inspirer des modèles de dessins de ce cahier pour l'illustrer. Encouragez-les à créer un message composé d'une devinette ou d'un poème, ou encore un message humoristique.

Une affiche

On se sert d'affiches pour faire de la publicité pour un événement, un spectacle, un film, une émission, un CD, un vêtement, un produit, un magasin, une voiture ou une destination touristique. Invitez les élèves à concevoir une affiche publicitaire de leur choix ou pour l'un des éléments de la liste ci-dessus. Ils peuvent s'inspirer des modèles de dessins de ce cahier pour l'illustrer. Rappelez-leur d'utiliser des expressions ou des mots persuasifs.

Un timbre

Invitez les élèves à concevoir un timbre en se servant du modèle fourni dans ce cahier. Discutez avec eux des personnes, animaux ou lieux qu'on voit sur les timbres (athlètes, espèces en voie de disparition, lieux touristiques, etc.). Demandez-leur pourquoi ces personnes, animaux ou lieux ont été présentés de cette façon. Les élèves pourront ensuite concevoir un timbre porteur d'un message important pour eux.

Collage au sujet d'une personne, d'un lieu ou d'une chose

Invitez les élèves à choisir une personne, un lieu ou une chose à dessiner sur une grande feuille de papier. Puis demandez-leur d'écrire, tout autour du dessin, des mots pour décrire le sujet choisi.

page suivante

Une carte postale

Les élèves peuvent se servir du modèle fourni dans ce cahier pour créer des cartes postales envoyées de lieux réels ou fictifs.

Recherché!

Invitez les élèves à concevoir un avis de recherche pour un animal perdu. Ils l'illustreront en s'inspirant des modèles de dessins fournis dans ce cahier. Encouragez-les à utiliser des mots qui attireront l'attention, comme « le plus rapide », « le plus lent », « le plus méchant », « le plus gentil » ou « le plus bruyant » pour décrire l'animal recherché et expliquer pourquoi on le recherche. Rappelez-leur de mentionner l'endroit où on a vu l'animal la dernière fois, ainsi que la récompense qui sera remise pour sa capture.

Un plan

Un plan est très utile. Il peut nous guider dans une ville, un immeuble, un centre commercial, un zoo ou un parc d'attractions. Demandez aux élèves de se servir du modèle de plan (Mon plan génial) fourni dans ce cahier pour dessiner un plan d'un lieu fictif, d'un zoo ou du lieu de leur choix. Leur plan peut être simple ou détaillé, selon leurs habiletés. Rappelez-leur d'inclure une légende. Les élèves pourront ensuite écrire un texte décrivant leur plan et les endroits qu'ils y ont marqués.

Amorces d'écriture – Préférences

1. Aimerais-tu mieux que ta voix ressemble à celle d'un _____ ou à celle

   d'un _____? Explique ta réponse.

2. Aimerais-tu mieux avoir les habiletés d'un_____ ou celles d'un

   _____? Explique ta réponse.

3. Aimerais-tu mieux ressembler à un _____ ou à un _____?
   Explique ta réponse.

4. Aimerais-tu mieux vivre dans un _____ ou dans un _____?
   Explique ta réponse.

5. Aimerais-tu mieux avoir un _____ ou un _____ comme animal de
   compagnie? Explique ta réponse.

6. Aimerais-tu mieux visiter un _____ ou un _____? Explique ta réponse.

7. Aimerais-tu mieux être un _____ ou un _____? Explique ta réponse.

8. Aimerais-tu mieux voyager en _____ ou en_____? Explique ta
   réponse.

9. Aimerais-tu mieux te faire garder par un _____ ou par un _____ pour
   une journée? Explique ta réponse.

10. Aimerais-tu mieux apporter un _____ ou un _____ à l'école pour une
    journée? Explique ta réponse.

Adjectifs utiles pour l'écriture

Taille	gros, petit, court, grand, gras, maigre, ordinaire, mince
Forme	rond, carré, pointu, ovale, frisé, droit, plat, tordu, hérissé, recourbé
Couleur	rouge, orange, jaune, vert, bleu, mauve, rose, gris, blanc, noir, brun, brillant, terne
Âge	jeune, vieux, nouveau, ancien, âgé
Bruit produit	bruyant, silencieux, long, court, musical, agaçant, agréable, surprenant
Vitesse	rapide, lent, moyen
Dans les activités	rapide, lent, bon, meilleur, propre, sale, précis, habile
Odeur	bon, mauvais, fort, sucré, salé, épicé, sûr, délicieux, appétissant

Atelier d'écriture d'histoire

Titre de l'histoire : _____

Début

☐ J'ai écrit une première phrase accrocheuse.

☐ J'ai présenté le personnage principal.

☐ J'ai indiqué l'endroit où se passe l'histoire.

_____

_____

_____

_____

_____

_____

_____

_____

_____

_____

_____

_____

_____

_____

☐ J'ai vérifié les majuscules et les points finals.   ☐ J'ai ajouté des adjectifs.

page suivante ☞

Milieu ☐ **J'ai expliqué le problème de l'histoire.**

_____

_____

_____

_____

_____

_____

_____

_____

_____

_____

_____

_____

_____

_____

_____

_____

_____

_____

_____

_____

☐ **J'ai vérifié les majuscules et les points finals.**   ☐ **J'ai ajouté des adjectifs.**

page suivante ☞

Événements ☐ **J'ai raconté les événements qui se sont déroulés dans l'histoire avant la résolution du problème.**

1er événement

_____

_____

_____

_____

_____

_____

_____

_____

_____

_____

2e événement

_____

_____

_____

_____

_____

_____

_____

_____

_____

_____

☐ **J'ai vérifié les majuscules et les points finals.**   ☐ **J'ai ajouté des adjectifs.**

page suivante ☞

Fin ☐ **J'ai expliqué la façon dont le problème a été résolu.**

_____

_____

_____

_____

_____

_____

_____

_____

_____

_____

_____

☐ **J'ai vérifié les majuscules et les points finals.**   ☐ **J'ai ajouté des adjectifs.**

Une histoire géniale

Titre de l'histoire : _____

[wavy-bordered box for illustration]

LE DÉBUT :

_____
_____
_____
_____
_____
_____
_____

☐ J'ai vérifié les majuscules et les points finals.   ☐ J'ai ajouté des adjectifs.

page suivante ☞

LE MILIEU :

_____
- -
_____
- -
_____
- -
_____
- -
_____

☐ J'ai vérifié les majuscules et les points finals.   ☐ J'ai ajouté des adjectifs.

page suivante ☞

LA FIN :

_____

_____

_____

_____

_____

_____

_____

_____

_____

_____

☐ J'ai vérifié les majuscules et les points finals.   ☐ J'ai ajouté des adjectifs.

Un joli timbre

Dessine un joli timbre, puis colorie-le.

Décris ton timbre :

_____

_____

_____

Un acrostiche

Dans un acrostiche, la première lettre de chaque vers sert à former un mot qu'on peut lire verticalement. Le poème lui-même décrit le mot ou raconte une courte histoire à son sujet.

Un quintil

Un quintil compte seulement cinq vers, composés chacun d'un ou de quelques mots. Un quintil a souvent la forme d'un losange.

Compose un quintil.

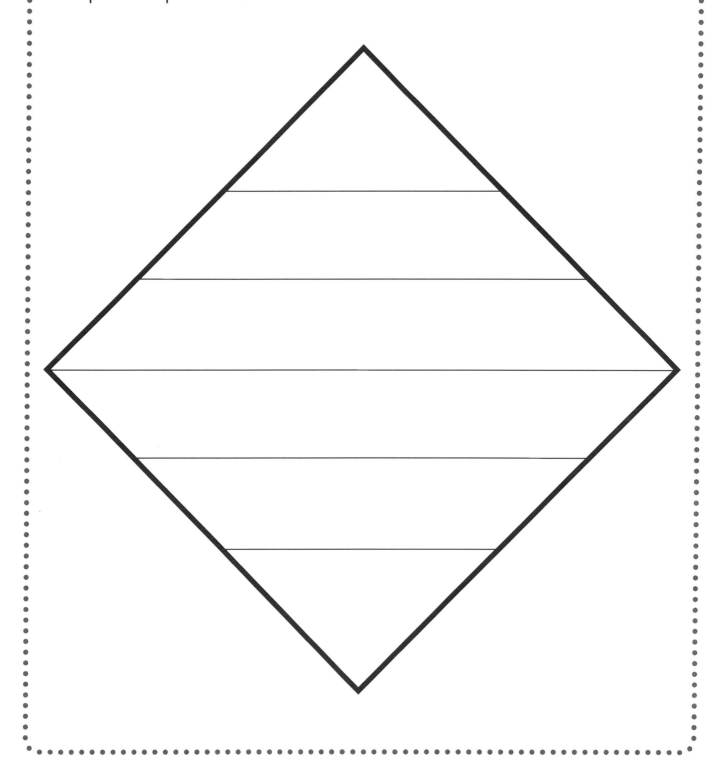

Rapport sur un animal

Nom de l'animal : _____ _____

Mon animal est un :   mammifère   reptile   amphibien   poisson   oiseau

De quoi a-t-il l'air?	
Quel est son habitat?	
Qu'est-ce qu'il mange?	
Quelles sont ses caractéristiques particulières?	
Fait intéressant	
Fait intéressant	
Fait intéressant	

AVIS DE RECHERCHE

Quel animal?

_____

- -

_____

Dernière fois qu'on l'a vu :

- -

_____

- -

_____

Description :

- -

_____

- -

_____

Pourquoi recherche-t-on cet animal?

- -

_____

- -

_____

Y a-t-il une récompense?

- -

_____

Une toile d'idées

Sujet : _____

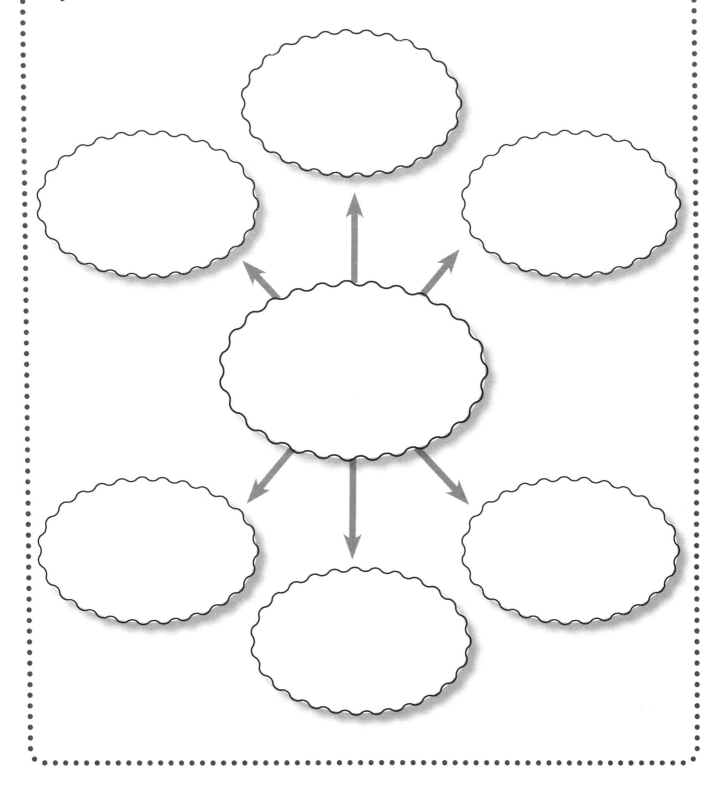

Une carte postale

Écris une carte postale à une amie ou un ami.

Recto de la carte postale :

Verso de la carte postale :

Destinataire :

Un reportage

Sers-toi du modèle ci-dessous pour écrire un reportage.

Titre : _____

Sujet de ton reportage :

_____

Qu'est-il arrivé?

_____

_____

_____

_____

_____

Où est-ce arrivé?

_____

_____

Quand est-ce arrivé?

_____

_____

Mon plan génial

Un plan est un dessin d'un lieu. Choisis un lieu, puis fais-en un plan. Crée une légende des symboles qui permettent de trouver des endroits sur ton plan.

LÉGENDE

Mon journal de bord

Sujet : _____

☐ J'ai vérifié les majuscules et les points finals.

Titre de l'histoire

Un jour, _____

_____

_____

_____

D'abord, _____

_____

_____

_____

Puis _____

_____

_____

_____

page suivante ☞

Ensuite,

_____

_____

_____

_____

Plus tard,

_____

_____

_____

_____

À la fin,

_____

_____

_____

_____

Tableau de comparaison

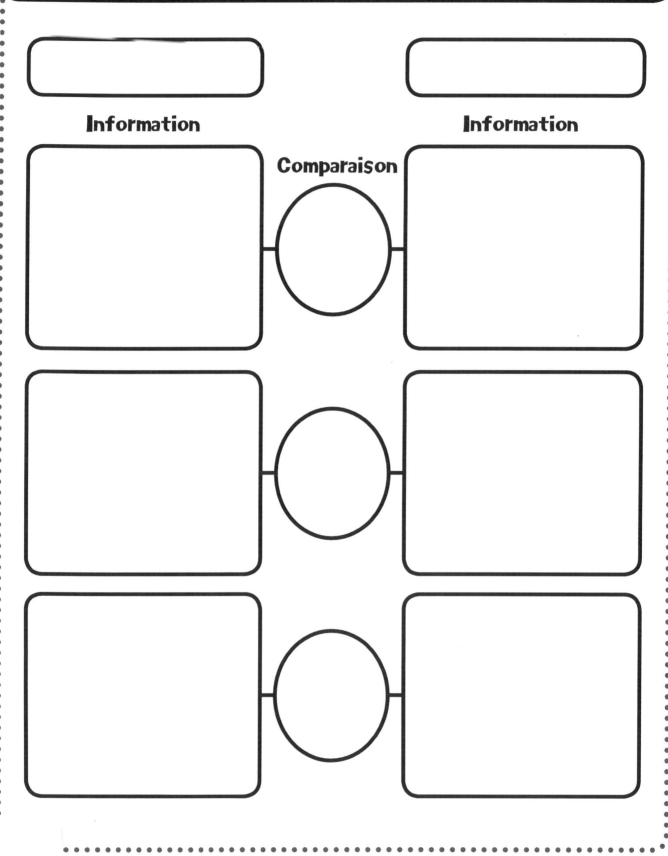

Information

Comparaison

Information

Comment est mon travail?

	Je fais mon travail	Je gère mon temps	Je suis les consignes	J'organise mes affaires
SUPER!	• Je fais toujours mon travail au complet et avec soin. • J'ajoute des détails.	• Je termine toujours mon travail à temps.	• Je suis toujours les consignes.	• Mes affaires sont toujours en ordre. • Je suis toujours prêt(e) et disposé(e) à apprendre.
CONTINUE!	• Je fais mon travail au complet et avec soin. • Je vérifie mon travail.	• Je termine généralement mon travail à temps.	• Je suis généralement les consignes sans qu'on me les rappelle.	• Je trouve généralement mes affaires. • Je suis généralement prêt(e) et disposé(e) à apprendre.
ATTENTION!	• Je fais mon travail au complet. • Je dois vérifier mon travail.	• Je termine parfois mon travail à temps.	• J'ai parfois besoin qu'on me rappelle les consignes.	• J'ai parfois besoin de temps pour trouver mes affaires. • Je suis parfois prêt(e) et disposé(e) à apprendre.
ARRÊTE!	• Je ne fais pas mon travail au complet. • Je dois vérifier mon travail.	• Je termine rarement mon travail à temps.	• J'ai besoin qu'on me rappelle les consignes.	• Je dois mieux organiser mes affaires. • Je suis rarement prêt(e) et disposé(e) à apprendre.

FÉLICITATIONS !

_____

TU PEUX DESSINER ET ÉCRIRE.